まちたんけんの とき 地しんが きたら

- 大人の ちゅういを よく 聞く。
- 学校や 広い 場しょに にげる。
- 海の 近くに いる ときは できるだけ 高い 場しょに にげる。
- ブロックべいから はなれる。
- 切れたり たれ下がったり した 電線に さわらない。

手あらい うがいを する

- 生きものや しょくぶつを さわった 後は 手を あらう。
- 外から 帰ったら 手を あらって うがいを する。

人の じゃまに ならないように する

- 道は よこに 広がって 歩かない。
- 大声を 出さないように 気を つける。
- ふざけながら 歩かない。
- めいわくを かけたら あやまる。

あいさつを きちんと する

- まずは「こんにちは」と あいさつを する。
- 「わたしたちは ○○小学校の ○年生です。生活科の じゅぎょうで まちを たんけんして います」と もくてきを つたえる。
- 「お話を うかがっても いいですか?」と あいての つごうを 聞く。
- さいごは「ありがとうございました」と おれいを 言う。

みんなで きょう力を する

- 一人で かってに ほかの 場しょへ 行かない。
- より道を しない。
- こまった ことが あったら 友だちや 大人に 言う。
- グループから はなれて しまった 友だちが いたら 声を かける。

監修のことば

　2年生になると、みなさんは生活科でまちたんけんにでかけますね。この授業のねらいは、大きく5つあります。

- まちのじまんできるところや、すてきな人をたくさん見つけること
- まちにあるしぜんやお店、施設、くらしている人が、自分の生活とどう関わっているのか知ること
- まちの人にたくさん話しかけて、人とのつながりを大切にすること
- 道路などのきけんな場しょで、安全な行動がとれるようになること
- まちに住むひとりとして、自分に何ができるか考えること

　「どきどき　わくわく　まちたんけん」のシリーズは全5巻です。
　『公園・はたけ・田んぼ ほか』では、身のまわりの自然がある場所をたんけんします。
　『わがしのお店・パンのお店・コンビニエンスストア ほか』と『花のお店・本のお店・クリーニング店 ほか』では、まちにあるお店に出かけます。
　『図書かん・公みんかん・じどうかん ほか』と『交番・えき・しょうぼうしょ ほか』では、施設に行ってまちを支える仕組みに気づきます。

　ひとりの力で見つけられるものにはかぎりがありますが、友だちと力を合わせれば、たくさんの発見ができます。このシリーズに登場する4人組のたんけんたいが気づいたことや、発表の仕方などを参考にしてみてください。
　まちたんけんの授業が終わったあとも、人とのつながりをずっと大切にしていければ、あなたの住むまちが居心地のよい“心のふるさと”になることでしょう。

若手三喜雄

計画を立てよう！

まちには どんな しせつが あるのかな？ — 東かずき

まちたんけんカード
- たんけんたいの 名前：まちのしせつ たんけんたい
- たんけん する日　5月22日 月曜日
- しゅっぱつする 時こく 10時00分 → 帰ってくる 時こく 11時10分
- たんけんたいの やくわり
  - リーダー（東 かずき）
  - ふくリーダー（西田 こうた）
  - 時計がかり（南 あかり）
  - カメラがかり（北見 まな）
- 行きたい 場しょ
  - ★ やくしょ
  - 　 交番
  - ★ えき
- もちもの
  - 水とう
  - かくもの
  - ぼうはんブザーやふえ
  - 時計（あかりちゃん）
  - カメラ（まなちゃん）
- たんけんたいの やくそく
  - 車やじてん車に気をつける。
  - しせつをつかう人のじゃまにならないようにする。
  - グループからはなれない。

こまったことがあったら大人にたのんで学校に電話しよう。　金星小学校：○○-○○○○-○○○○

まちたんけんカード
- たんけんたいの 名前：まちのしせつ たんけんたい
- たんけん する日　5月23日 火曜日
- しゅっぱつする 時こく 10時00分 → 帰ってくる 時こく 11時10分
- たんけんたいの やくわり
  - リーダー（東 かずき）
  - ふくリーダー（西田 こうた）
  - 時計がかり（南 あかり）
  - カメラがかり（北見 まな）
- 行きたい 場しょ
  - ★ ろう人ホーム
  - 　 しょうぼうしょ
- もちもの
  - 水とう
  - かくもの
  - ぼうはんブザーやふえ
  - 時計（あかりちゃん）
  - カメラ（まなちゃん）
- たんけんたいの やくそく
  - ふざけたりさわいだりしない。
  - グループからはなれない。

こまったことがあったら大人にたのんで学校に電話しよう。　金星小学校：○○-○○○○-○○○○

行って みたい ところ ある？ — 西田こうた

人が あつまる 場しょでは どうしたら いいのかな？ — 南あかり

何に 気を つけたら いいかしら？ — 北見まな

できた！ わたしたちの まちたんけんカード。

もくじ

やくしょ……6

大きな たてものだったわ。
バスで 前を 通ったの。

交番……10

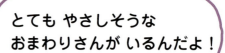

とても やさしそうな
おまわりさんが いるんだよ！

えき……14

電車を 見たいな！
バスや タクシーも
見られるかな？

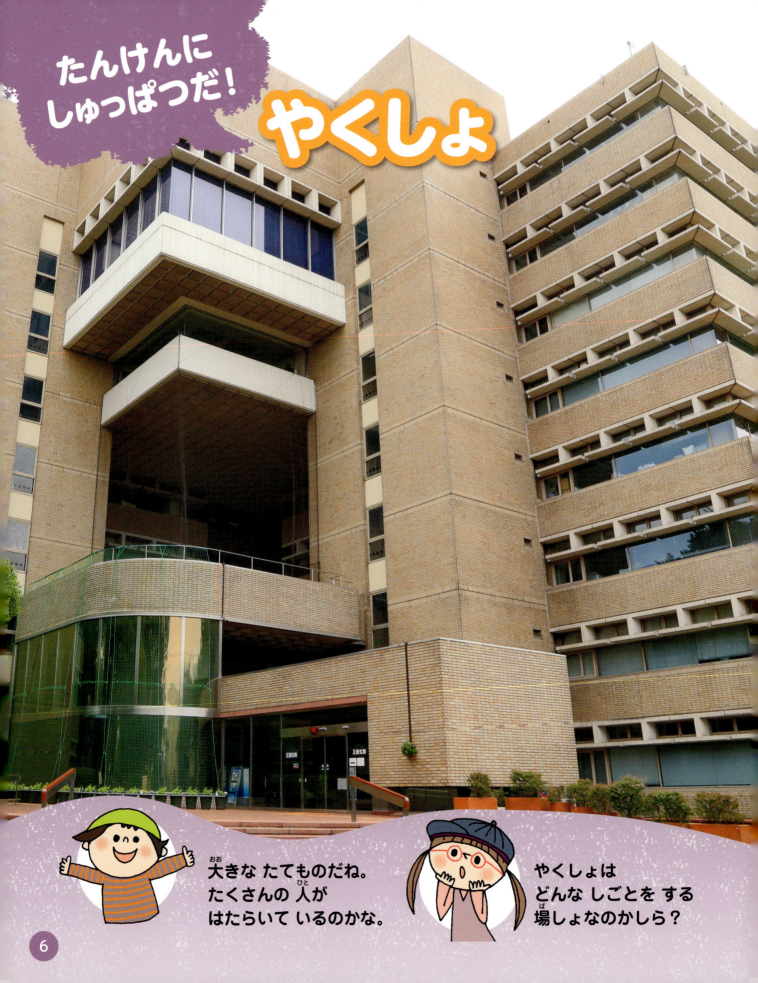

たんけんに しゅっぱつだ！

やくしょ

大きな たてものだね。
たくさんの 人が
はたらいて いるのかな。

やくしょは
どんな しごとを する
場しょなのかしら？

やくしょは みんなが くらす 地いきに かならず あるよ。どんな しごとを して いるのか 聞いて みよう。

やくしょは 何を する ところ ですか？

まちの 人が あんぜんで ゆたかな くらしを おくる ために ひつような しごとを する ところです。たくさんの かかりが あって しごとを 分けて います。たとえば 公園や 道ろを つくったり ごみを あつめて しょりしたり します。すんで いる 人の じょうほうを 記ろくするのも やくしょの しごとです。

まち ぜんたいの ことに かかわって いるんだなあ。

どんな しごとを たんとうして いますか？

子そだての そうだんを うけて います。赤ちゃんが 生まれた お母さんや お父さんが ふあんに 思ったり なやんだり した とき 話を 聞いて いるんですよ。

赤ちゃんが 元気に そだつように 手だすけを して くれるんだね。

やくしょ

ようじがあるよ やくしょのまど口

やくしょには いつも 人が たくさん 来て いるね。どんな ようじが あるのかな？

ぜい金を おさめに 来たんだ。
ぜい金は まちづくりや 社会での
たすけ合いの ために
みんなで 出し合って いる お金だよ。
小学校の つくえや いすなども
ぜい金で 買って いるんだ。

へ〜。
知らなかった！

こんいんとどけを 出しに 来たよ。
けっこんを した ことを
やくしょに 知らせる 紙だよ。

わたしの お父さんと お母さんも
けっこんした とき
こんいんとどけを 出しに 来たのね。

この まちに 引っこして 来たので
やくしょに 知らせに 来たよ。
いい まちだね！

赤ちゃんが 生まれて
名前を きめたので
とどけを 出しに 来たんだよ。

ぼくも この まちが
大すき！

どんな 名前を
つけたのかな。

9

交番

聞いてみよう

人びとの あんぜんを まもる けいさつ。
交番の おまわりさんは いちばん
みぢかな けいさつかんだね。
しごとの ようすを 聞いて みよう。

交番には どんな 人が 来ますか？

道に まよった 人や おとしものを した 人や おとしものを ひろった 人などが 多いです。
まちで けんかを した 人に 話を 聞く ことも あります。

小さい ころ まいごに なって 交番で たすけて もらった ことが あるわ。

交番に いない ときは どこに 行って いるのですか？

まちに きけんが ないか パトロール したり じけんや じこの 場しょに かけつけたり して います。
交番は 24時間 あいて いて 交たいで しごとを して いるんです。

まちの 中を パトロールして いる ところを 見かけた ことが あるよ！

知ってる？こども１１０番の家

きけんな 目に あったり こまった ことが おきたり したら
「こども１１０番の 家」の マークが ある 家や お店に かけこもう。
大人が たすけて くれるよ。
マークは 地いきに よって ちがうので
自分の 地いきに ある マークを おぼえて おこうね。

こども１１０番の家

べんりだよ 電車とバス

いどうするのに とても べんりな 電車と バス。えきでは こんな ものを 見つけたよ。

ろ線図

ろ線図には 電車や バスの 道すじが かいて あるよ。

電車の ろ線図

バスの ろ線図

きっぷ売り場の 上に あったわ。もくてき地へ 行く ために どの えきで のりかえれば いいかも 分かるわね。

バスは ぼくの 家の 近くも 回るよ。まちの 中を 細かく 走って いるんだ。

時こくひょう

時こくひょうには 電車や バスの しゅっぱつする 時こくが かいて あるよ。

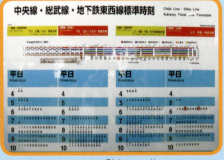
電車の 時こくひょう

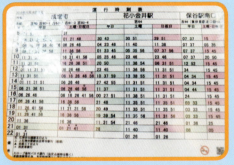
バスの 時こくひょう

ぜんぶの えきに とまる「かくえきてい車」と おもな えきに とまる「きゅう行」などが あるよ。

電車も バスも 曜日に よって しゅっぱつ 時こくが ちがうんだよ。

まちで見かけるみんなののりもの

コミュニティーバス

大きな バスが 走って いない 場しょなどを 走る 小さな バス。

レンタサイクル

つかいたい ときだけ かりられる じてん車。かりた 時間で りょう金が かわる。

タクシー

行きたい ところへ おくって くれる じどう車。走った きょりと 時間で りょう金が かわる。

チャレンジ 体のふじゆうな人のためのくふうをさがそう！

えき

えきには 車いすの 人や 目の ふじゆうな 人や お年よりなど 体の ふじゆうな 人の ための くふうが いくつも あるよ。さがして みてね。

点字ブロック
目の ふじゆうな 人は これを たよりに 歩いて いる。

ゆうどうブロック — 歩く 方こうを しめして いる。

けいこくブロック — ちゅういを 知らせる ブロック。かいだんの 前や おうだん歩道の 前などに ある。

点字うんちんひょう
行き先までの りょう金が 点字で かかれて いる。目の ふじゆうな 人も さわれば 分かる。

手すり
歩く ときに 体を ささえる。点字の テープが ついて いて ホームの 番ごう などの じょうほうが かかれて いる。

エレベーター
けがを して いる 人 赤ちゃんを つれた 人や おもい にもつを もった 人にも べんり。

タブレット
耳や ことばの ふじゆうな 人も 文字を かく ことで えきいんさんと 話が できる きかい。

電車やバスにのれる犬

ペットの 犬は その ままでは 電車や バスに のれないけれど この 犬たちは のれるんだ。

もうどう犬

目の ふじゆうな 人が 歩く とき きけんが ないように みちびく。

かいじょ犬

ものを ひろったり 人を よびに 行ったりなど 体の ふじゆうな 人の 生活を たすける。

ちょうどう犬

体に さわったり して 耳の ふじゆうな 人に 音を 知らせる。

聞いて みよう

ろう人ホームでは 家ぞくには おせわが むずかしい お年よりが くらして いるよ。しょくいんさんは どんな しごとを して いるのかな?

どんな しごとを して いるのですか?

ぼくは リハビリテーションの たんとうだよ。かんたんな うんどうや あそびを しながら 体の うごきが わるく ならないように 手だすけを して いるんだ。

体を うごかす ことは 大切なんだね。

どんな 気もちで はたらいて いますか?

わたしは えいようしです。体に いい 食じの こんだてを 考えるのが わたしの しごとです。みなさんに おいしく 食べて もらいたいので かたい ものが 食べにくい 人には やわらかい ものに するなど くふうも して いるんですよ。

ぼくも ごはんを 食べると 元気が 出るよ!

ろう人ホーム

ろう人ホームのひみつ

お年よりが たくさん くらして いる ろう人ホーム。かいてきに くらせるように さまざまな くふうが あるよ。
しょくいんさんが おせわを しやすい ための くふうも あるんだ。

ろうか

だんさが なくて かべに 手すりが つけて ある。
車いすでも すれちがえるほど 広い。

かいご用ベッド

おき上がったり 立ち上がったりを たすけて くれる 電どうの ベッド。
高さも かえられるので しょくいんは おせわが しやすい。

おふろ

とても 広くて ねた まま 入れる ゆぶねも ある。

トイレ

入り口も 中も 広くて 車いすの まま 入れる。

かいご用の スプーン

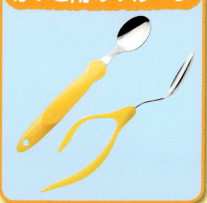

手の 力が 弱く なった お年よりでも にぎりやすく できて いる。

車

後ろに リフトが ついて いて 車いすの まま 車に のれる。

道ぐが たくさん つんで ある！
ホースが ついて いる
しょうぼう車も あるわ。
水は 車の 中に
あるのかしら？

ふくや ヘルメットが
ある。
きれいに ならんで
いるね。

聞いて みよう

火じは ない 方が いいよね。火じが ない とき しょうぼうしさんは しごとを して いないのかな？ ふしぎに 思った ことを 聞いて みよう。

火じの ない ときは 何を して いるのですか？

くんれんを して 体を きたえたり 車や 道ぐの 点けんを したり して しゅつどうに そなえて いるよ。しょうぼう用の ふくは いつも セットして あって 通ほうが あったら 今 きて いる ふくの 上に かさねて きるんだ。1分いないで 出られるんだよ。

くんれんして いる から できるんだね！

なぜ きゅうきゅう車が あるのですか？

きゅうきゅう車に のって いる きゅうきゅうたいいんも しょうぼうしなんだよ。だから しょうぼうしょには しょうぼうじどう車だけで なく きゅうきゅう車も あるんだ。しょうぼうしには レスキューたいと いって さいがいげん場で 人の いのちを すくう しごとも あるんだよ。

しごとを かかりごとに 分たんして いるのね。

しょう火せんのいろいろ

火じの とき 火を けす 水は「しょう火せん」から とり出すよ。しょう火せんは ホースを とりつける 口だ。まちには あちこちに しょう火せんが あるので さがして みよう。

地上に ある しょう火せん

えんぴつの キャップの ような 形。

地下に ある しょう火せん

マンホールに なって いる。ふたの もようは まちに よって いろいろだ。

たてものの 中に ある しょう火せん

ホースなどが 入って いる。

大切な ものだから いたずらは しないでね。

しょうぼうしょ

しょうぼうしょの ひみつ

しょうぼうしょには ふしぎな ものが たくさん あるよ。みんなの いのちを まもる ための 道ぐなんだって。何に つかうのか 教えて もらおう。

ぼうかい（ぼうかふく）

火や ねつに 強い そざいで できて いる しょうぼう用の ふくなんだ。

空気こきゅうき

中には 空気が 入って いて けむりの 中でも 10分から 15分 こきゅうが できるんだって。

ホース

水を 出す ための ホースは 長さが 20メートルあるよ。ホースは つなげば のばせるんだ。火の 大きさに よって 太さの ちがう ホースを つかい分けて いるよ。

スプレッダー

交通じこなどで 車に とじこめられた 人を たすける ために ドアを こじあける 道ぐなのよ。

25

見つけたよ！ まちの あん心あんぜん

まちには みんなが あん心して くらせるように いろいろな ものが そなえられて いたよ。

じこが おきない ために あるよ。

しんごうき
青に なったら 左右を かくにんして わたろう！

手を 上げて わたろう！
おうだん歩道

道ろひょうしき
ルールは まもろう！

さいがいから ぼくたちを まもるんだ。

ひじょう口
どこに あるか かくにんして おこう！

学校も ひなん 場しょだよ。
ひなん場しょ

海ばつの マーク
海から どれくらいの 高さか 分かるよ。

火じから まもって くれるよ。

しょう火き
火を けせるよ。

水が 出るよ。
しょう火せん

火さいほうちき
けむりが 出ると 音が 鳴るよ。

はんざいを ふせぐ ために あるのよ。

ひつような ところに つけられて いるよ。
ぼうはんカメラ

ぼうはんとう
くらい 道を 明るく して くれるよ。

26

チャレンジ 人（ひと）のやくに立（た）つことをさがしてみよう！

みんなにも まちの ために できる ことが きっと あるよ。考（かんが）えて みよう！

おさいふが おちて いたら 交番（こうばん）に とどけるよ。

火（か）じや じこを 見（み）たら すぐ 大人（おとな）に 知（し）らせるよ。

まいごが いたら 大人（おとな）に 知（し）らせるぞ！

赤（あか）ちゃんが ないて いたら あやして あげる！

おもい にもつを もった 人（ひと）が いたら たすけるよ！

ろう人ホームへ 行（い）って おじいさんや おばあさんと また いっしょに 歌（うた）を 歌（うた）いたい！ みんな とっても よろこんで くれたから！

電車（でんしゃ）や バスでは せきを ゆずるよ。

まちのたんけんマップ

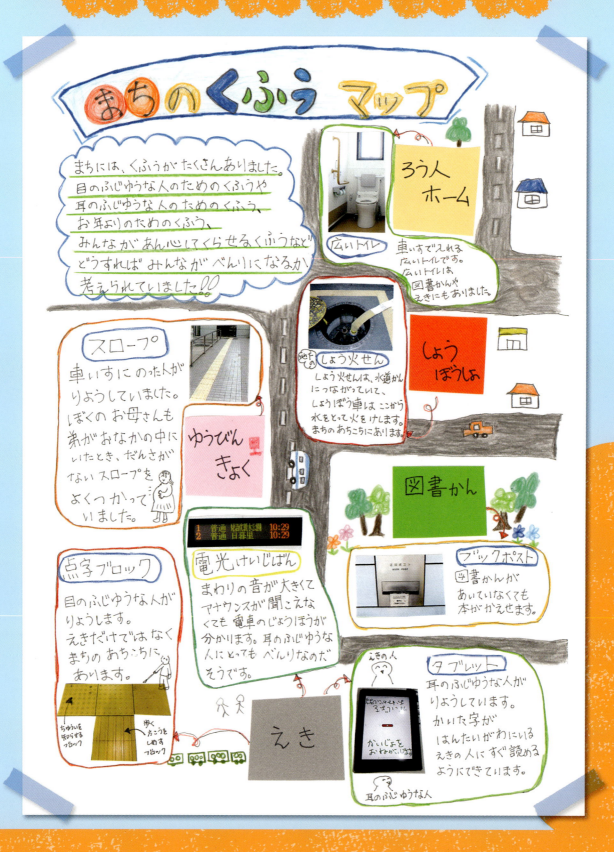

たんけんに 行った 場しょや 家の まわりの ことを 地図に して みたよ。

みんなが つかう しせつって えきや 大きな 道ろの 近くに あるのね。

みんなが うれしく なる くふうって いいね。わたしも こまって いる 人を 見つけたら その 人が こまらなく なる 方ほうを 考えたいな。

まちには 見まもって くれる 人が たくさん いるんだね。

ぼくは できるだけ 広くて 歩道の ある 道ろや 人の 多い 道ろを えらんで 学校に 行って いるよ。

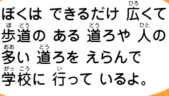

まちがいさがしの 答え

もんだいは 12ページ

じてん車は 二人のりを しては いけないよ。

よこに ならんで 通行して いて ほかの 人の めいわくに なって いるよ。 スマートフォンを 見ながら 歩く ことも あぶないね。 歩道の ない 道ろでは 車との きょりが 近く なるから 気を つけよう。

ベルを 鳴らして 歩く 人を おどろかせて いるね。 歩道は 歩く 人が ゆう先だよ。 通行する ときは 歩く 人の めいわくに ならないように しよう。

30

監修／若手三喜雄(わかてみきお)

共栄大学教育学部教育学科教授
埼玉県生まれ。
川越市内の公立小学校から埼玉大学教育学部附属小学校、所沢市教育委員会、川越市教育委員会、埼玉県教育委員会、埼玉県川越市立仙波小学校校長等を経て現職。生活科の創設当初から様々な実践研究を行い、文部科学省関連の調査研究多数。『生活科の授業方法』（ぎょうせい）『学習のしつけ・生活のしつけ』（教育開発研究所）『新任教師のしごと 生活科 授業の基礎基本』（小学館）など著書多数。

写真

株式会社青芳製作所
石巻地区広域行政事務組合消防本部
車椅子・介護用品のTCマート
相模原市消防局
千葉県警察本部
パラマウントベッド株式会社
武蔵野市
株式会社横井製作所
ピクスタ

STAFF

イラスト●川下隆／たはらともみ
デザイン・DTP●田中小百合(osuzudesign)
校　　正●鈴木喜志子
執筆・編集協力●金田妙
編　　集●株式会社アルバ

参考文献

『あしたへ ジャンプ 新編 新しい生活-下』（東京書籍）

どきどき わくわく まちたんけん
交番(こうばん)・えき・しょうぼうしょ ほか

初版発行／2017年3月

監修／若手三喜雄

発行所／株式会社金の星社
　　　　〒111-0056　東京都台東区小島1-4-3
　　　　TEL 03-3861-1861（代表）
　　　　FAX 03-3861-1507
　　　　ホームページ http://www.kinnohoshi.co.jp
　　　　振替 00100-0-64678
印刷／広研印刷株式会社　製本／東京美術紙工

乱丁・落丁本は、ご面倒ですが小社販売部宛にご送付ください。
送料小社負担にてお取替えいたします。
ⒸTakashi Kawashita,Tomomi Tahara, ARUBA inc., 2017
Published by KIN-NO-HOSHI SHA,Tokyo,Japan
NDC376　32ページ　26.6㎝　ISBN978-4-323-04235-0

JCOPY 出版者著作権管理機構 委託出版物
本書の無断複写は著作権法上での例外を除き禁じられています。複写される場合は、そのつど事前に、出版者著作権管理機構（電話 03-3513-6969 FAX 03-3513-6979、e-mail: info@jcopy.or.jp）の許諾を得てください。
※本書を代行業者等の第三者に依頼してスキャンやデジタル化することは、たとえ個人や家庭内での利用でも著作権法違反です。

どきどきわくわく まちたんけん

シリーズ全5巻　小学校低学年向き
A4変型判　32ページ　図書館用堅牢製本　NDC376

おどろきいっぱいの まちに たんけんに 出かけよう！
この シリーズでは 4人組の たんけんたいが
みの まわりの しぜんが ある 場しょや お店や
しせつに 出かけて たくさんの はっけんを します。
あなたの すんで いる まちと くらべながら
いっしょに さがして みてください。

公園・はたけ・田んぼ ほか

公園　はたけ　田んぼ
かせんしき　じんじゃ

わがしのお店・パンのお店・コンビニエンスストア ほか

わがしのお店　せいか店
パンのお店　コンビニエンスストア
スーパーマーケット

花のお店・本のお店・クリーニング店 ほか

りはつ店　花のお店
本のお店　やっきょく
クリーニング店

図書かん・公みんかん・じどうかん ほか

ようち園・ほいくしょ
じどうかん　公みんかん
ゆうびんきょく　図書かん

交番・えき・しょうぼうしょ ほか

やくしょ　交番
えき　ろう人ホーム
しょうぼうしょ